Gudrun Thiele

Wir helfen dem Weihnachtsmann

Kinderleichte Bastelideen mit Papier

W0309570

frechverlag

Weihnachtsmann mit Tanne

(Abbildung Seite 1)

Sternchen-Tonkarton in Rot, Tonkarton in Weiß und Grün, Stifte in Schwarz und Rosa

Alle Teile ausschneiden. Die Gesichtsteile bemalen und den Bart mit den Fingern in Form biegen. Die Tannen in der Mitte knicken und die Teile auf beide Seiten des Fensterbildes kleben.

Schneemann-Kette

(Abbildung Seite 3)

Tonkarton in Weiß, Rot, Blau und Grün, Stifte in Schwarz, Orange und Rosa, Nadel und Faden

Den Schneemann dreimal und die Hüte je zweimal ausschneiden.
Jeden Schneemann bemalen und von vorn und hinten einen Hut aufkleben (genau übereinander). Nun können die Schneemänner untereinander gehängt werden.

➤➤➤ ***TIPP:*** *Diese netten Schneemänner eignen sich auch gut als Anhänger für den Tannenbaum.*

Fotos: frechverlag GmbH + Co. Druck KG, 70499 Stuttgart;
Fotostudio Ullrich & Co., Renningen

Dieses Buch enthält:
2 Vorlagenbogen

Materialangaben und Arbeitshinweise in diesem Buch wurden von der Autorin und den Mitarbeitern des Verlags sorgfältig geprüft. Eine Garantie wird jedoch nicht übernommen. Autorin und Verlag können für eventuell auftretende Fehler oder Schäden nicht haftbar gemacht werden. Das Werk und die darin gezeigten Modelle sind urheberrechtlich geschützt. Die Vervielfältigung und Verbreitung ist, außer für private, nicht kommerzielle Zwecke, untersagt und wird zivil- und strafrechtlich verfolgt. Dies gilt insbesondere für eine Verbreitung des Werkes durch Film, Funk und Fernsehen, Fotokopien oder Videoaufzeichnungen sowie für eine gewerbliche Nutzung der gezeigten Modelle.

Auflage: 5 4 3 2 1 | Letzte Zahlen
Jahr: 2003 2002 2001 2000 1999 | maßgebend

© 1999

frechverlag GmbH + Co. Druck KG, 70499 Stuttgart

ISBN 3-7724-2514-3 · Best.-Nr. 2514
Druck: frechverlag GmbH + Co. Druck KG, 70499 Stuttgart

Weihnachtszeit ist Bastelzeit!

Doch was tun, wenn die Zeit knapp ist? Mit diesem Buch wende ich mich an große und kleine Bastler, die mit wenig Aufwand und ohne große Schwierigkeiten etwas Schönes zu Weihnachten basteln möchten, sei es zum Dekorieren oder zum Verschenken.
Das Buch bietet allen eine Fülle an Bastelideen, die leicht, schnell und ohne Cutter umzusetzen sind. So finden auch ungeübte oder jüngere Bastler sicher etwas, das sie ohne Probleme herstellen können.

Eine vergnügliche Adventszeit wünscht

Gudrun Thiele

Wichtiges Material

Wer dem Weihnachtsmann helfen möchte, sollte zunächst folgende Gegenstände bereitlegen:

Bleistift, Butterbrot- oder Transparentpapier, dünnen Karton für Schablonen, Arbeitsunterlage, Schere, eventuell Lochzange (für Ketten) und Klebstoff, z. B. UHU Alleskleber

So wird's gemacht

1. Mit einem Bleistift werden alle Teile des Motivs von den beiliegenden Bogen ohne Überschneidungen auf Transparent- oder Butterbrotpapier abgepaust. Nun das Papier auf dünnen Karton kleben und die Motivteile ausschneiden. Schon sind die Schablonen fertig!

2. Die Schablonen werden auf das benötigte Material gelegt und mit einem Bleistift umfahren. Alle Teile sorgfältig ausschneiden.

3. Die Teile gemäß Foto, Vorlage und Anleitung bemalen, zusammenkleben und fertig stellen.

Weihnachtslichter

Tonkarton in verschiedenen Farben, Hologrammfolie in Gold, Rot, Silber, Grün und Blau, Teelichter, eventuell Tonkarton in Weiß sowie Stifte in Schwarz, Rosa und Rot (Weihnachtsmann) oder Metallsternchen (Tannenbaum)

Die ausgewählte Form auf Tonkarton übertragen, grob ausschneiden und dann die Rückseite mit Hologrammfolie bekleben.
In die Mitte des aufgezeichneten Kreises mit der Schere ein Loch mit ca. 1 cm Durchmesser schneiden (es ist dabei nicht wichtig, dass es rund wird). Nun wird vom Loch aus bis zum Rand des Kreises eingeschnitten (so als ob man Kuchen in Stücke schneidet). Je mehr Schnitte, desto besser lassen sich die Spitzen nach innen biegen, wenn das Teelicht von oben platziert wird. Die Sternchen werden mit Klebstoff auf der Tanne befestigt. Das Gesicht des Weihnachtsmannes wird aufgemalt und gemeinsam mit der Bommel aufgeklebt.

Tannen und Herzen

(Anleitung Seite 8)

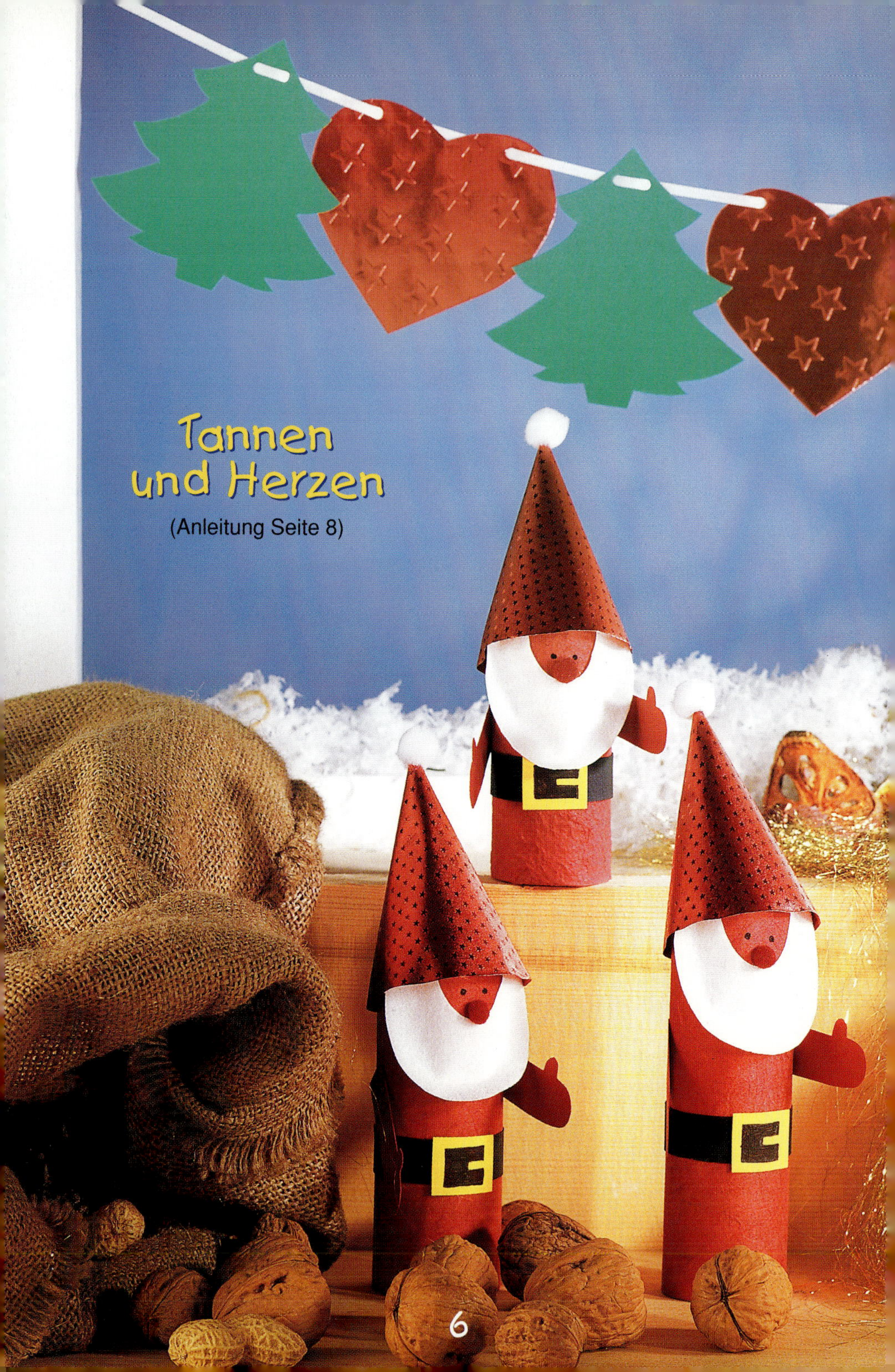

Tannen und Herzen

(Abbildung Seite 6/7)

Motivkette

Tonkarton in Grün, geprägter Alu-Bastelkarton mit Sternen in Rot und Satinband, 4 mm breit

Diese Motivkette wird genauso hergestellt wie die Ketten auf Seite 12/13.

Tischlaterne „Tannen“

Unterteil einer Käseschachtel (ø 11 cm), Seidenpapier in Grün, Sternchen-Tonkarton in Grün, Reste in Rot und Blau, Satinband, 4 mm breit, Metallsternchen und Teelicht

Den Tannenbaumstreifen und die Pakete ausschneiden. Das Unterteil der Käseschachtel wird von innen und außen mit dem Seidenpapier beklebt. Danach den Tannenbaumstreifen um die Schachtel kleben und die Bäume mit den Sternchen verzieren. Nun werden die Schleifen um die Pakete gebunden und diese am unteren Rand auf die Tannenbäume geklebt.

Tischlaterne „Engelchen“

Unterteil einer Käseschachtel (ø 11 cm), geprägter Alu-Bastelkarton mit Sternen in Rot, Seidenpapier in Rot und Teelicht

Die Käseschachtel innen und außen mit dem Seidenpapier bekleben. Die Engelkette ausschneiden und um die Schachtel kleben.

Drei rote Gestalten

Eine leere Toilettenpapierrolle, eine leere Küchenkrepprolle (geteilt in 12 cm und 14 cm), Alu-Sternchenfolie in Rot, Ursellepapier in Weiß, Tonkarton in Rot, Gelb und Schwarz, verschiedene Naturpapiere in Rot, drei weiße Pompons (ø 10 mm), drei rote Pompons (ø 7 mm) und schwarzer Stift

Die Rollen mit den verschiedenen Naturpapieren bekleben. Arme, Gürtel, Bart und Schnalle je dreimal ausschneiden. Die Schnallen bemalen. Die Mützen aus der Alu-Sternchenfolie schneiden und zu Tüten zusammenkleben.
Zuerst den Bart glatt an den Körper kleben (Vorsicht: nur die oberen Enden des Bartes mit Klebstoff bestreichen!). Dann Gürtel, Schnalle und Arme am Körper befestigen. Die Mütze aufsetzen und mit Klebstoff am oberen Rand der Rolle fixieren. Zuletzt die Bommel und die Nase aufkleben. Die Augen aufmalen und den Bart hochbiegen.

Zur Stabdekoration siehe Seite 30, zur Vorlage siehe Seite 19.

➤➤➤ ***TIPP:*** *Die Laternen können statt mit einem Teelicht auch mit Nüssen, Obst oder Plätzchen gefüllt werden.*

Fensterbilder

Kirche

Tonkarton in Blau und Grün, Alu-Bastelkarton in Gold, Glitter in Gold und Rot, Metallsternchen in verschiedenen Größen, Seidenpapier in Rot und Prickelnadel

Das Fensterbild ausschneiden. Die Blätter zweimal ausschneiden, mit einer Prickelnadel an den gestrichelten Linien vorsichtig einritzen und dann leicht knicken. Aus dem Seidenpapier sechs Kugeln rollen und je drei als Beeren auf die Blätter kleben.
Das Fensterbild mit der Sternschnuppe und den Metallsternchen bekleben. Dann mit dem Glitter bemalen und gut trocknen lassen.
Die Rückseite genauso verzieren. Wenn alles getrocknet ist, werden die Blätter mit den Beeren auf beide Seiten des Fensterbildes geklebt.

Kerze

Tonkarton in Gelb und Grün, Seidenpapier in Rot, Metallsternchen, Glitter in Rot und Prickelnadel

Dieses Fensterbild wird genauso hergestellt wie die Kirche. Das Kerzenmotiv ausschneiden, mit Sternchen bekleben und mit Glitter bemalen. Trocknen lassen und die Rückseite genauso gestalten.
In der Zwischenzeit die Blätter ausschneiden, aus dem Seidenpapier Kugeln rollen und als Beeren auf die Blätter kleben.
Wenn das Fensterbild vollständig getrocknet ist, können die Blätter auf beiden Seiten des Fensterbildes befestigt werden.

Weihnachtsmänner und Sterne

Schale mit Sternen

Unterteil einer Käseschachtel (ø 11 cm), Seidenpapier in Rot, Tonkarton in Weiß, Rot und Gelb, Stifte in Schwarz, Rot und Rosa

Die Schachtel innen und außen mit Seidenpapier bekleben. Drei Sterne und drei Weihnachtsmänner ausschneiden. Die Gesichtsteile bemalen und gemeinsam mit den Bommeln auf die Körper kleben. Nun werden Weihnachtsmänner und Sterne abwechselnd rund um die Schachtel geklebt.

➤ ➤ ➤ ***TIPP:*** *Bis der Klebstoff getrocknet ist, können die einzelnen Motive mit einem Gummiband um die Schachtel fixiert werden.*

Zwei Weihnachtsmänner

Tonkarton in Rot, Weiß und Hautfarben, Stifte in Schwarz, Rot und Rosa, Nadel und Faden

Alle Teile ausschneiden, die Gesichter bemalen, auf die Bärte kleben und diese mit den Fingern etwas formen. Die fertigen Gesichter auf den Körper kleben. Der Fellbesatz unten am Mantel und die Bommeln werden auf Vorder- und Rückseite angebracht. Zum Schluss werden die beiden Weihnachtsmänner untereinander gehängt.

➤ ➤ ➤ ***TIPP:*** *Aus vielen abgebildeten Motiven lassen sich im Handumdrehen Stecker herstellen. Das Motiv ausschneiden, ggf. zusammenkleben und auf der Rückseite ein Schaschlikstäbchen befestigen.*

Aufgereiht

(Abbildung Seite 12/13)

Glocken und Engel

Sternchen-Tonkarton in Weiß und Tonkarton in Hautfarben, geprägter Alu-Bastelkarton mit Sternen in Gold, schwarzer Stift und Satinband, 4 mm breit

Alle Teile ausschneiden, Gesichter bemalen und auf die Körper kleben. Anschließend werden Glocken und Engel abwechselnd auf das Band gefädelt.

Weihnachtsmänner

Tonkarton in Rot und Weiß, Stifte in Schwarz, Rot und Rosa und Satinband, 4 mm breit

Die drei Teile je Weihnachtsmann beliebig oft ausschneiden. Die Gesichter aufmalen, die Bärte mit den Fingern etwas biegen und dann die Gesichter und die Bommeln auf die Weihnachtsmänner kleben.

Nun müssen die freundlichen Gesellen nur noch auf das Band gefädelt werden.

Aufgereiht

(Anleitungen Seite 10 und 14)

➤➤➤ *TIPP: Aus diesen Motiven lassen sich ganz leicht Geschenkanhänger herstellen: einfach oben ein Loch stechen oder stanzen und ein Band durchziehen. Die Teile können auch als Mobile untereinander gehängt werden.*

Schneemann-Schale

Unterteil einer Käseschachtel (ø 11 cm), Seidenpapier in Weiß, Tonkarton in Weiß und Schwarz, Stifte in Schwarz und Orange und Glitter in Gold

Den Schneemannstreifen sorgfältig ausschneiden, Hüte aufkleben und die Schneemänner bemalen. Das Unterteil der Käseschachtel mit dem weißen Seidenpapier innen und außen bekleben. Wenn der Glitter getrocknet ist, wird der Streifen um die Schachtel geklebt.

➤➤➤ ***TIPP:*** *Alle Körbchen lassen sich auch als Tischlaternen einsetzen.*

Engel-Schale

Unterteil einer Käseschachtel (ø 11 cm), Seidenpapier und Tonkarton in Weiß, geprägter Alu-Bastelkarton mit Sternen in Gold, Stifte in Schwarz, Rosa und Gelb

Engel, Armpaar und Sterne je dreimal ausschneiden. Engel und Arme bemalen. Dann die Armpaare auf die Körper kleben, trocknen lassen und die Arme etwas vom Körper wegbiegen. Engel und Sterne abwechselnd um die Schachtel kleben.

Große und kleine Herzen

Herztüten

Sternchen-Tonkarton in Weiß, Tonkarton in Blau und Rot, geprägter Alu-Bastelkarton mit Sternen in Rot, zusätzlich für die großen Herzen Schleifenband, für die kleinen Herzen Glitter und Metallsternchen

Für das große Herz einen ca. 1,5 cm x 26 cm langen Streifen und für das kleine Herz einen ca. 1,5 cm x 15 cm langen Streifen zuschneiden.
Die großen und die kleinen Herztüten werden auf dieselbe Art und Weise gebastelt. Die Herzform ausschneiden und an den gestrichelten Linien falten. An der Klebelasche zusammenkleben.

Den Streifen als Henkel innen am Herzen mit Klebstoff befestigen. Nun können die Herzen entweder mit Glitter bemalt und mit Sternchen beklebt oder mit einer Schleife versehen werden.

Herzchen-Girlande

Tonkarton in Rot, Alu-Sternchenfolie in Rot und Goldkordel

Die Herzen in beliebiger Menge ausschneiden, den Aufhänger nach hinten biegen und ankleben. Immer abwechselnd ein Tonkartonherz und ein Alu-Sternchenherz auf die Kordel fädeln.

Lebkuchen und Teddybären

Lebkuchen-Kette

Tonkarton in Rehbraun und Dunkelbraun, Stifte in Gold und Schwarz und Satinband, 4 mm breit

Die Lebkuchen-Kette wird genauso hergestellt wie die Ketten auf Seite 12/13.

Bären-Licht

Unterteil einer Käseschachtel (11 cm ø), Seidenpapier in Grün, Tonkarton in Rot und Rehbraun, Alu-Sternchenfolie in Rot, Satinband in Rot, Grün und Weiß, 4 mm breit, und Stift in Schwarz

Schachtel innen und außen mit Seidenpapier bekleben. Die Bärchen und die Herzen je dreimal ausschneiden. Die Herzen von beiden Seiten mit Sternchenfolie bekleben. Die Bären bemalen und die Schleifchen ankleben. Zuletzt werden die Bären und die Herzen abwechselnd an die Schachtel geklebt.

Serviettenringe

Grundanleitung

Eine leere Toilettenpapierrolle in ca. 2,5 cm breite Ringe schneiden. Von einer Rolle Krepp-Papier einen ca. 2 cm breiten Streifen abschneiden. Den Anfang des Krepp-Papiers am Pappring festkleben und den Ring damit bewickeln. Das Ende wieder mit Klebstoff (oder einem Klebestreifen) befestigen. Damit ist der Ring fertig.

Bär

Ca. 2,5 cm breiter Ring einer leeren Toilettenpapierrolle, Krepp-Papier in Weiß, Tonkarton in Rehbraun und Dunkelbraun, Stift in Schwarz und Satinband, 4 mm breit

Kopf und Schnauze ausschneiden und zusammenkleben. Das Gesicht aufmalen. Eine Schleife binden und auf den Kopf kleben. Dann den Bärenkopf auf den Ring (Anleitung siehe links unten) kleben.

Herz

Ca. 2,5 cm breiter Ring einer Toilettenpapierrolle, Krepp-Papier in Weiß, geprägter Alu-Bastelkarton mit Sternen in Rot und eventuell Gummiband

Das Herz ausschneiden und auf den Ring (Anleitung siehe links unten) kleben. Wenn sich das Herz an den Ring schmiegen soll, muss während der Trockenzeit ein Gummiband um das Herz gelegt werden.

➤➤➤ ***TIPP:*** *Es ist eine tolle Sache, wenn an einem Adventssonntag oder an Weihnachten für jedes Familienmitglied ein selbst gemachter Serviettenring und ein passendes Tischset auf dem Tisch liegen. Wer Tischsets anfertigen möchte, kann jeweils ein ca. 42 cm x 21 cm großes Rechteck aus farblich passendem Tonpapier zuschneiden, das ausgesuchte Motiv nochmals anfertigen und in eine Ecke kleben.*

Drehfiguren und Grußkarten

Tannenbaum

Tonkarton in Grün und Rot, Metallsternchen, Nadel und Faden

Den Tannenbaum und das Herz ausschneiden. Den Baum an der gestrichelten Linie einschneiden, mit Sternen bekleben und das Herz in die Öffnung hängen. Dann den Baum an der Schnittstelle verdreht zusammenkleben.

Weihnachtsmann

Tonkarton in Weiß, Grün und Rot, Stifte in Rot, Rosa und Schwarz, Nadel und Faden

Alle Teile ausschneiden und den Weihnachtsmann an der gestrichelten Linie einschneiden. Das Gesicht aufmalen und gemeinsam mit der Bommel auf den Körper kleben. Den Tannenbaum in die Öffnung hängen. Zum Schluss wird der Weihnachtsmann an der Schnittstelle verdreht zusammengeklebt.

Tannenkarte

Wellpappe in Rot, Naturpapier in Grün, Tonkarton in Braun, Glitter in Rot, Blau, Silber und Gold und Goldstift

Die Karte aus Wellpappe zuschneiden und in der Mitte falten. Den Baum und den Topf ausschneiden und auf die Karte kleben. Den Baum mit Glitter und den Topf mit dem Goldstift bemalen.

Weihnachtsmannkarte

Wellpappe in Natur, Ursellepapier in Weiß, Tonkarton in Hautfarben, Naturpapier in Rot, Stifte in Schwarz, Rosa und Rot und Lackmalstift in Weiß

Die Karte aus Wellpappe zuschneiden und in der Mitte falten. Alle Teile des Weihnachtsmannes ausschneiden, zusammenkleben, das Gesicht aufmalen und dann den Weihnachtsmann mit Klebstoff auf der Karte befestigen.

Immergrüne Kränze

Grundanleitung Kranz

Auf eine leere Küchenrolle über die ganze Länge zwei Striche im Abstand von ca. 1 cm zeichnen. Dann die Rolle im Abstand von ungefähr 3 cm einschneiden, dabei den 1 cm breiten Streifen nicht durchschneiden! Er bleibt als Steg stehen und gibt dem Kranz die nötige Stabilität.
Die Rolle zum Ring formen und innen mit Klebestreifen fixieren. Nun noch einen Klebestreifen außen um den Ring herum kleben. Von einer Rolle Krepp-Papier einen ca. 3 cm breiten Streifen abschneiden und damit den Ring bewickeln.

Kranz mit Schleife

Leere Küchenkrepprolle, Klebestreifen und Krepp-Papier in Grün, ca. 30 cm Schleifenband, Goldkordel, Holzsterne in Rot und Gold, Holzbären und Metallsternchen

Eine Schleife binden und diese mit den anderen Teilen an den Kranz (Anleitung siehe oben) kleben. Die Goldkordel dient als Aufhängung.

Kranz mit Blättern und Beeren

Leere Küchenkrepprolle, Klebestreifen und Krepp-Papier in Grün, Tonkarton in Hell- und Dunkelgrün, 12 Holzperlen in Rot (ø 12 mm), Goldkordel, Metallsternchen und eine Prickelnadel

Die Blätter ausschneiden, an den gestrichelten Linien mit einer Prickelnadel vorsichtig anritzen und knicken. Dann je drei Holzperlen in die Mitte der Blätter kleben und diese mit Klebstoff auf dem Kranz befestigen. Die Metallsternchen fixieren und die Goldkordel zum Aufhängen anbringen.

Serviettenring mit Schleife

Ca. 2,5 cm breiter Ring einer leeren Toilettenpapierrolle, Krepp-Papier in Grün und 30 cm Schleifenband

Eine Schleife binden und auf den Ring (Anleitung Seite 16) kleben.

Serviettenring mit Holzstern

Ca. 2,5 cm breiter Ring einer leeren Toilettenpapierrolle, Krepp-Papier in Grün und je ein Holzstern in Rot und Gold

Die Holzsterne werden ebenfalls nur auf den Ring (Anleitung Seite 16) geklebt.

Lesezeichen

Tonkarton in verschiedenen Farben, mit Streifen, Punkten, Karos oder Sternen bedruckt, für Hände und Gesichter in Weiß und Hautfarben, für Haare und Nasen der Clowns Seidenpapier in verschiedenen Farben, für den Heiligenschein und die Engelflügel Alu-Bastelkarton in Silber sowie verschiedene Stifte zum Bemalen der Gesichter und Körper

Ob Engel, Mama, Papa, Mädchen, Junge, Oma, Opa, Clowns, Tiger, Elefant oder Bär – die meisten Motivteile können beliebig kombiniert werden. So lassen sie sich auch passend zur Figur des Beschenkten variieren.

Bei allen Lesezeichen wird die Vorlage für den Körper an der gestrichelten Linie nochmals angelegt und verdoppelt. Die gewünschten Motivteile ausschneiden und die Körper an der Anlegelinie falten.

Arme, Hände, Beine, Füße bzw. Schuhe und Pfoten werden immer dazwischen geklebt. Die Köpfe bemalen, ggf. Haare aus Seidenpapier ankleben und die fertigen Köpfe vorn auf die Körper kleben. Diese können auch noch bemalt werden.

Der Engel erhält Flügel und einen Heiligenschein. Die roten Knubbelnasen der Clowns werden aus einem Stück Seidenpapier gerollt.

➤➤➤ ***TIPP:*** *Besonders schön werden die Knubbelnasen, wenn man sie anschließend noch einmal mit Seidenpapier umhüllt. Man kann aber auch kleine Pompons (ø 7-9 mm) als Nasen verwenden.*

Schneemann mit Tanne

Tonkarton in Weiß, Grün und Schwarz, Alu-Bastelkarton in Gold und Stifte in Orange und Schwarz

Das Fensterbild ausschneiden. Der Hut und die Tanne werden zweimal benötigt. Den Schneemann von beiden Seiten bemalen. Die Bäume in der Mitte knicken und ebenso wie die Hüte auf beide Seiten des Fensterbildes kleben. Der zweite Hut sollte gegengleich genau auf dem ersten platziert werden. Zuletzt wird auf der einen Seite oben noch die Sternschnuppe angeklebt.

Himmelsboten

Zwei Engel

Leere Toilettenpapierrolle, leere Küchenkrepprolle (gekürzt auf ca. 13 cm), helles Naturpapier, Metallpapier in Gold, zwei Schaschlikstäbchen, Krepp-Papier in Weiß, Seidenpapier in Gelb und Stift in Schwarz

Die Rollen mit Naturpapier bekleben. Von einer Rolle Krepp-Papier einen ca. 3,5 cm breiten Streifen abschneiden. Auf der ganzen Länge wird das Krepp-Papier auf einer Seite etwas auseinander gezogen, das ergibt eine leichte Welle. Das Papier in Streifen schneiden, die um die Rolle passen, und in Stufen lagenweise als Kleid übereinander kleben. Die Ärmel aus Naturpapier zu Tüten zusammenkleben und seitlich an den Körpern mit Klebstoff befestigen.

Für die Haare zweimal Seidenpapier doppelt legen und beidseitig einschneiden, für den Pony auf einer Seite nur kurz einschneiden. Erst das Teil mit dem Pony aufkleben, dann quer darüber das zweite Teil. Die Haare zusammenknüllen.

Nun jeweils das Gesicht aufmalen und den Heiligenschein ausschneiden. Das Schaschlikstäbchen mit der Schere etwas kürzen und den Heiligenschein ankleben. Den Stab durch den Kopf stecken und im Körper mit etwas Klebstoff fixieren. Zuletzt wird das Flügelpaar ausgeschnitten und hinten am Körper angeklebt.

Tannenbaum

Ca. 2 cm breiter Ring einer leeren Toilettenpapierrolle, Seidenpapier in Braun, Tonkarton in Grün und Metallsternchen

Die Tanne dreimal ausschneiden. Zwei Bäume in der Mitte falten. Den Ring mit dem braunen Seidenpapier bekleben und sechsmal ca. 1 cm tief einschneiden. In diesen Einschnitten die mit den Metallsternchen beklebten Baumteile fixieren (siehe Skizze).

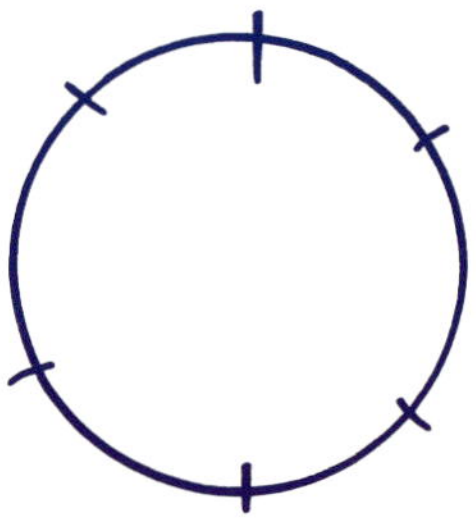

Skizze Tannenbaumfuß

Lustige Schneemänner

Stecker und Serviettenring

Tonkarton in Weiß, Stifte in Blau, Rot und Schwarz, je ein roter Holzstern, ein Schaschlikstäbchen pro Stecker, ein ca. 2,5 cm breiter Ring einer leeren Toilettenpapierrolle pro Serviettenring und Krepp-Papier in Blau

Die Schneemänner ausschneiden und bemalen. Jeden mit einem Holzstern bekleben.
Für die Stabdeko wird auf der Rückseite noch ein Schaschlikstäbchen angeklebt. Den Serviettenring nach Anleitung, Seite 16, basteln und den Schneemann auf den Ring kleben.

Nützliches mit Naturpapier

Utensilo

Zwei leere Toilettenpapierrollen und eine leere Küchenkrepprolle (gekürzt auf ca. 19 cm und 4 cm), verschiedene Naturpapiere in Blau, 3D-Wellpappe in Metallicblau, Krepp-Papier in Blau und Holzsterne in Gold

Die Rollen werden zuerst mit den verschiedenen Naturpapieren beklebt, das Papier etwas größer als die Rollen zuschneiden. Oben und unten das überstehende Papier in die Rollen knicken. Aus der Wellpappe den runden Boden schneiden und die Rollen darauf kleben. Aus einem Streifen Krepp-Papier eine Schleife um die lange Rolle binden. Zum Schluss noch mit den goldenen Holzsternen dekorieren.

Engelkarte

Wellpappe in Dunkelblau, Naturpapier in Beige und Ocker und Metallsternchen

Den Engel einmal in Beige und einmal in Ocker ausschneiden. Die Karte wird aus Wellpappe zugeschnitten und in der Mitte gefaltet. Die Engel und die Sternchen aufkleben.

Zur Stabdekoration siehe Seite 30.

Viel Glück im neuen Jahr!

Schweinchen-Girlande

Tonkarton in Rosa und Grün, Stifte in Rot und Schwarz und Satinband, 4 mm breit

Alle Teile der Girlande können beliebig oft ausgeschnitten werden, je nachdem, wie lang sie werden soll. Dann werden die Motivteile bemalt und mit einer Lochzange an den vorgegebenen Punkten gelocht. Nun müssen die Motive nur noch abwechselnd auf das Band gefädelt werden.

Schornsteinfeger-Girlande

Tonkarton in Schwarz und Regenbogenfarben, Schweinchen- und Klee-Pailletten und Satinband, 4 mm breit

Diese Girlande wird genauso gefertigt wie die Schweinchen-Girlande. Zusätzlich werden die Schornsteinfeger noch mit den Pailletten beklebt.

Schweinchen-Schale

Unterteil einer Käseschachtel (ø 11 cm), Seidenpapier in Lila, Tonkarton in Grün und Rosa, Stifte in Schwarz und Rot und Klee-Pailletten

Das Unterteil der Käseschachtel innen und außen mit dem Seidenpapier bekleben. Drei Schweinchen und drei Kleeblätter ausschneiden. Die Schweinchen bemalen und die Pailletten aufkleben. Dann alle Teile um die Schachtel kleben.

Schornsteinfeger-Schale

Unterteil einer Käseschachtel (ø 11 cm), Seidenpapier in Gelb, Tonkarton in Grün und Schwarz und Kleepailletten

Die Käseschachtel innen und außen mit dem Seidenpapier bekleben. Die Kleepailletten mit Klebstoff auf den ausgeschnittenen Schornsteinfegern befestigen. Die Vorlage für die Kleeblätter ist die gleiche wie für die „Schweinchen-Schale“. Anschließend alle Teile um die Schachtel kleben.

➤ ➤ ➤ ***TIPP:*** *Alle „bunten Teller“ können mit einem Teelicht auch als Tischlaternen benutzt werden, allerdings sind die Lücken zwischen den Motiven nicht ganz so groß wie bei den Tischlaternen, so dass das Licht nicht ganz so hell durchscheint.*

Stabdekorationen

Für fast alle Stabdekorationen dieses Buches werden dieselben Vorlagen verwendet wie für die bunten Teller. Die ausgeschnittenen, ggf. bemalten und zusammengeklebten Motive werden einfach an ein Schaschlikstäbchen geklebt und schon hat man eine schöne Dekoration.

➤ ➤ ➤ ***TIPP:*** *Ebenso eignen sich viele der Motive zur Herstellung von Weihnachts- oder Grußkarten.*

Faltsterne

Je Stern ein Quadrat aus Alu-Sternchenfolie, mindestens 8 cm x 8 cm groß, und bei Bedarf Nähgarn

Das Quadrat einmal zur Hälfte, dann wieder zur Hälfte und dann noch einmal diagonal falten. Auf das erhaltene „Tortenstück" wird die Schablone gelegt und der Umriss mit einem Stift nachgezogen. Nun wird die aufgezeichnete Form ausgeschnitten und der Stern aufgefaltet. Bei Bedarf Nähgarn als Aufhänger anknoten.